अग्निपथ

हर मोड़ एक कहानी है... और 'अग्निपथ' वो रास्ता है जो आपकी सोच बदल सकता है।

लेखक: धीरेंद्र सिंह बिष्ट

ISBN (Paperback): 979-8899060922

ISBN (Hardcover): 979-8899060939

Made with ❤ love on the Notion Press platform

www.notionpress.com

विषय-सूची

विषय-सूची

उम्मीद और आत्मबल की।

एक ऐसी किताब जो सिर्फ पढ़ी नहीं जाती,

महसूस की जाती है।

प्रस्तावना

प्रिय पाठकों,

"अग्निपथ" के प्रथम संस्करण को जो स्नेह और समर्थन मिला, वह मेरे लिए शब्दों से परे है। जब यह पुस्तक आपके हाथों तक पहुँची, तब यह केवल मेरी कहानियों का संग्रह नहीं रही, बल्कि आप सबकी जीवन-यात्राओं का हिस्सा बन गई। अनेक पाठकों ने मुझे लिखा, अपनी भावनाएँ साझा कीं और यह बताया कि कैसे इन कहानियों ने उनके जीवन में आशा और आत्मबल जगाया।

मुझे गर्व है कि इस पुस्तक को न केवल भारत में, बल्कि भारत के बाहर भी सराहा गया। विदेशों में बसे पाठकों ने भी इससे अपने जीवन के अनुभव जोड़े और यह विश्वास जताया कि संघर्ष और नेकी की कहानियाँ हर संस्कृति और हर देश में उतनी ही प्रासंगिक हैं। यह मेरे लिए एक लेखक होने का सबसे बड़ा पुरस्कार है।

इसी संवाद और पाठकों की प्रेरणा ने मुझे यह द्वितीय संस्करण प्रस्तुत करने के लिए उत्साहित किया। यह संस्करण केवल पुनर्प्रकाशन नहीं है—यह नए अनुभवों, नए दृष्टिकोणों और आपके फीडबैक का परिणाम है। इसमें आपको न केवल संशोधित और परिष्कृत भाषा मिलेगी, बल्कि कुछ नई कहानियाँ और जीवन-दर्शन भी मिलेंगे, जो आज की पीढ़ी के संघर्ष और संवेदनाओं से जुड़े हैं।

इस संस्करण की खासियत यह है कि हर अध्याय के अंत में मैंने "लेखक की टिप्पणी" जोड़ने का प्रयास किया है, जिससे पाठक कहानी के पीछे का गहरा संदेश समझ सकें। साथ ही, नई कहानियाँ इस बात को और स्पष्ट करती हैं कि संघर्ष और नेकी आज भी उतने ही प्रासंगिक हैं, जितने पहले थे।

मेरे लिए "अग्निपथ" केवल एक किताब नहीं है, यह आत्मा का दर्पण है—जहाँ हर पाठक अपनी झलक देख सकता है। मेरी यही कामना है कि यह संस्करण आपको न केवल प्रेरणा दे, बल्कि आपके भीतर वह ज्वाला भी जगाए, जो हर अंधेरे से लड़ने का साहस देती है।

आपके स्नेह और विश्वास के लिए आभार।

सप्रेम,

धीरेंद्र सिंह बिष्ट

भूमिका

कभी-कभी जीवन हमें ऐसे मोड़ पर लाकर खड़ा कर देता है, जहाँ न पीछे लौटने का रास्ता होता है, न आगे बढ़ने का साहस। ऐसे समय में हमें एक अग्निपथ चुनना होता है—एक ऐसा रास्ता जो कठिन होता है, तपाता है, पर अंततः हमें मजबूत बनाता है। यही विचार इस पुस्तक "अग्निपथ" की प्रेरणा बना।

यह पुस्तक सिर्फ कहानियों का एक संग्रह नहीं है, बल्कि जीवन के अनुभवों, संवेदनाओं और संघर्षों की अग्निपरीक्षा है। इसमें वो सब कुछ है जो हम अक्सर अपनी रोज़मर्रा की ज़िंदगी में महसूस करते हैं, लेकिन शब्दों में कह नहीं पाते। कभी यह मासूम दोस्ती की झलक है (मौली), तो कभी आत्मबल से भरी कोशिश (रोहन की कहानी)। कहीं रिश्तों की नज़ाकत है (कांच का गिलास), तो कहीं संघर्ष की तपिश है (ख्वाबों का सफर, नेकी, अधूरी तस्वीर)।

हर कहानी का उद्देश्य केवल मनोरंजन नहीं, बल्कि प्रेरणा देना है—एक सोच जगाना है कि आम ज़िंदगी में भी कुछ असाधारण छिपा होता है। ये कहानियाँ शायद आपके अपने जीवन की परछाइयाँ हों, या किसी ऐसे व्यक्ति की, जिसे आप जानते हैं, या कभी जानते थे।

इस पुस्तक को लिखते समय मेरा उद्देश्य केवल लिखना नहीं था, बल्कि जीवन के छोटे-छोटे अनुभवों को संजोकर उन्हें एक ऐसा रूप देना था जो आपके दिल तक पहुँचे। मेरी कोशिश रही है कि पाठक केवल शब्द पढ़ें नहीं, उन्हें महसूस करें—उनमें खुद को देखें।

"अग्निपथ" की कहानियाँ अलग-अलग पृष्ठभूमियों, पात्रों और भावनाओं से जुड़ी हैं, लेकिन एक बात जो इन्हें जोड़ती है, वह है—आत्मबल, आशा और इंसानियत। ये वो गुण हैं, जो हमें हर अंधेरे से निकाल कर उजाले की ओर ले जाते हैं।

अगर इस पुस्तक की कोई एक कहानी भी आपको रुककर सोचने पर मजबूर करे, आपको आपके भीतर झाँकने की प्रेरणा दे, तो मैं मानूँगा कि मेरा लेखन सार्थक हुआ।

आपका हमसफ़र,

धीरेंद्र सिंह बिष्ट

लेखक – अग्निप

आभार प्रदर्शन

आभार प्रदर्शन

"अग्निपथ" मेरे जीवन का एक ऐसा सफर रहा है, जिसे शब्दों में पिरोना जितना कठिन था, उतना ही आत्मिक भी। इस किताब के हर शब्द, हर कहानी के पीछे सिर्फ मेरी कल्पना नहीं, बल्कि मेरे जीवन के अनुभव, मेरे आसपास के लोग और उनके संघर्षों की छाया है। इस प्रयास को संभव बनाने में कई लोगों की भूमिका रही है, जिनका मैं हृदय से आभार प्रकट करना चाहता हूँ।

सबसे पहले, मैं अपने माता-पिता का आभारी हूँ, जिन्होंने न केवल जीवन में सही और गलत का फर्क सिखाया, बल्कि हर मोड़ पर मेरा हौसला भी बढ़ाया। उनकी सादगी और मेहनत ही मेरे लेखन की सबसे मजबूत नींव है।

मेरे शिक्षकों और मार्गदर्शकों का भी विशेष धन्यवाद, जिन्होंने मुझे सोचने, महसूस करने और उसे अभिव्यक्ति देने की कला सिखाई। उन्होंने मुझे यह समझाया कि शब्दों का प्रभाव तभी होता है जब वे दिल से निकलें और दिल तक पहुँचें।

मैं अपने पाठकों का भी तहेदिल से आभार व्यक्त करता हूँ—वे जो मुझे वर्षों से पढ़ते आ रहे हैं और वे भी जो पहली बार मेरी लेखनी से जुड़े हैं। आपकी प्रतिक्रियाएँ, आपके संदेश और आपकी भावनाएँ ही मेरे लेखन की असली ऊर्जा हैं।

मेरे मित्रों और सहकर्मियों का भी धन्यवाद, जिन्होंने मेरी कहानियों को पढ़ा, सलाह दी और हौसला बढ़ाया। आपकी ईमानदार टिप्पणियाँ इस किताब को बेहतर बनाने में सहायक रहीं।

एक विशेष धन्यवाद Notion Press को, जिन्होंने इस पुस्तक को प्रकाशित करने की यात्रा को सहज और रचनात्मक बनाया। उनकी टीम के सहयोग और तकनीकी सहायता ने इस पुस्तक को पाठकों तक पहुँचाने में अहम भूमिका निभाई।

अंत में, उन सभी अनजाने चेहरों और कहानियों को धन्यवाद, जो जीवन की दौड़ में कहीं मिले, कहीं छूटे—पर अपनी एक छाप छोड़ गए। शायद उन्हें नहीं पता कि वे इस किताब का हिस्सा बन गए हैं, पर मेरा मन जानता है।

यह किताब अब मेरी नहीं, आप सबकी है।

सप्रेम,

धीरेंद्र सिंह बिष्ट

Prologue

"अग्निपथ"—यह केवल एक शीर्षक नहीं, बल्कि जीवन की उस यात्रा का प्रतीक है, जहाँ हर कदम पर संघर्ष है, हर मोड़ पर सवाल है, और हर गिरावट के बाद उठ खड़े होने की जिद है।

जब मैंने इस पुस्तक को लिखने का विचार किया, तो मेरा उद्देश्य केवल कहानियाँ कहना नहीं था। मेरा प्रयास यह था कि हर पाठक को शब्दों के माध्यम से वह आइना दिखा सकूँ, जिसमें वह खुद को पहचान सके। क्योंकि ये कहानियाँ किसी और की नहीं, हमारी-आपकी हैं—हमारी कमजोरियों, हमारे सपनों, हमारी हार और हमारी जीत की।

इन कहानियों में कोई राजा नहीं, कोई विलेन नहीं, कोई परीकथा नहीं—बल्कि आम इंसान हैं, जो हर दिन ज़िंदगी से जूझते हैं, कुछ खोते हैं, कुछ पाते हैं और अंततः खुद को गढ़ते हैं। मौली जैसी मासूम दोस्ती हो या हरिनाथ की निःस्वार्थ नेकी, रोहन की लड़ाई हो

या नैना की हिम्मत—हर पात्र अपने भीतर एक प्रेरणा लेकर आता है।

इन कहानियों की सबसे बड़ी ताक़त इनकी सादगी है। जीवन की जटिलताओं को सरल भाषा में कह देना ही इस किताब की आत्मा है। आप पाएँगे कि कहीं न कहीं, किसी न किसी कहानी में आप खुद को, अपने परिवार को, अपने समाज को या अपने बीते कल को देख रहे हैं।

"अग्निपथ" को पढ़ना एक यात्रा है—स्वयं से मिलने की यात्रा। यह पुस्तक बताती है कि परिस्थितियाँ चाहे जैसी भी हों, अगर भीतर आग है, तो रास्ते खुद बनते चले जाते हैं।

मेरी यही कामना है कि जब आप इस किताब के पन्ने पलटें, तो केवल कहानियाँ न पढ़ें—बल्कि हर कहानी में अपने जीवन का एक अंश ढूंढें। और जब किताब खत्म हो, तो कोई एक विचार, एक भावना, आपके भीतर जीवित रह जाए।

क्योंकि यही अग्निपथ है—जलकर भी जीवन देना।

सप्रेम,

धीरेंद्र सिंह बिष्ट

लेखक – अग्निपथ

1. मोबाइल की बैटरी – समय का असली इस्तेमाल

आदित्य शहर के एक कॉलेज में पढ़ता था। पढ़ाई में अच्छा था, लेकिन उसकी सबसे बड़ी आदत थी—मोबाइल फोन। सुबह उठते ही सबसे पहले वह फोन उठाता, सोशल मीडिया चेक करता, वीडियो देखता, गेम खेलता। धीरे-धीरे यह उसकी लत बन गई।

अक्सर उसका फोन दिन के बीच ही डिस्चार्ज हो जाता। वह पावर बैंक और चार्जर लेकर भागता, क्लास में भी बार-बार प्लग ढूँढता। दोस्तों ने हँसी उड़ाई—"तेरी जिंदगी तो बैटरी पर टिकी है।"

एक दिन उसके दादाजी गाँव से मिलने आए। उन्होंने देखा कि आदित्य बार-बार फोन चार्ज कर रहा है। मुस्कुराते हुए बोले—

"बेटा, यह बैटरी तेरी जिंदगी जैसी है। सोचो, अगर इसे बेकार की चीज़ों में खत्म कर दोगे, तो असली काम के लिए ऊर्जा कहाँ से लाओगे?"

आदित्य चौंक गया—"दादाजी, कैसे?"

दादाजी ने कहा—"तुम्हारा फोन जब बैटरी लो बताता है, तो तुम तुरंत चार्ज ढूँढने लगते हो। लेकिन जब तुम्हारी जिंदगी की ऊर्जा—समय—कम हो रही होती है, तब तुम क्यों नहीं संभलते?

याद रखो, हर दिन की बैटरी सिर्फ 24 घंटे की होती है। तुम उसे कहाँ खर्च करते हो, वही तुम्हारा भविष्य तय करता है।"

आदित्य के दिल को यह बात छू गई। उसने धीरे-धीरे अपने फोन का इस्तेमाल कम किया। पढ़ाई, खेल और परिवार के साथ समय बिताना बढ़ाया।

कुछ महीनों बाद, वही आदित्य यूनिवर्सिटी में टॉपर बना। दोस्तों ने पूछा—"ये बदलाव कैसे आया?"

आदित्य ने मुस्कुराकर कहा—"मैंने समझ लिया कि बैटरी और जिंदगी दोनों की असली ताकत सही जगह खर्च करने में है।"

प्रेरणा

"समय भी मोबाइल की बैटरी जैसा है। अगर तुम उसे बेवजह की चीज़ों में खर्च कर दोगे, तो असली सपनों के लिए ऊर्जा नहीं बचेगी।"

***

2.बारिश की पहली बूंद – उम्मीद की ताकत

राजेश एक छोटे किसान थे। कई महीनों से गाँव में बारिश नहीं हुई थी। खेत सूख गए थे, मिट्टी दरक गई थी। राजेश रोज़ खेत की तरफ जाता, लेकिन खाली ज़मीन देखकर उसका मन बुझ जाता।

घर में अनाज कम हो रहा था। पत्नी ने कहा— "इतनी मेहनत के बाद भी अगर कुछ नहीं उगा, तो अब क्या करेंगे?"

राजेश चुपचाप आसमान की तरफ देखने लगा। बादल हर दिन आते, लेकिन बारिश बिना बरसे लौट जाती। धीरे-धीरे उसके मन में भी हार मानने का विचार आने लगा।

एक शाम वह खेत के किनारे बैठा था। तभी आसमान में बिजली कड़की और पहली बूंद उसके चेहरे पर गिरी। उस बूंद की ठंडक जैसे उसके दिल तक उतर गई। उसने मिट्टी उठाकर महसूस किया—मिट्टी की खुशबू ने उसकी थकान मिटा दी।

राजेश ने खुद से कहा—"अगर आसमान उम्मीद नहीं छोड़ रहा, तो मैं क्यों हार मानूँ?"

वह अगले ही दिन खेत में हल लेकर पहुँचा। मिट्टी भले ही थोड़ी ही भीगी थी, पर उसने पूरे मन से बीज बो दिए।

कुछ हफ्तों बाद बारिश लगातार होने लगी। राजेश के खेत में हरियाली लौट आई। वही लोग, जो उसे कह रहे थे कि मेहनत व्यर्थ है, अब उसकी फसल देखकर दंग रह गए।

राजेश मुस्कुराकर बोला—"बारिश की पहली बूंद ने मुझे सिखाया कि उम्मीद कभी बेकार नहीं जाती। अगर हिम्मत है, तो सूखी मिट्टी भी सुनहरा भविष्य बना सकती है।"

प्रेरणा

"मुश्किलें कितनी ही लंबी क्यों न हों, उम्मीद की एक बूंद ज़िंदगी की ज़मीन को हरा-भरा बना सकती है।"

3.बस का टिकट – सफर सबका होता है

राहुल रोज़ की तरह ऑफिस जाने के लिए बस में चढ़ा। भीड़ भरी बस में उसने जल्दी से टिकट लिया और सीट पर बैठ गया।

थोड़ी देर बाद एक बुज़ुर्ग महिला चढ़ी। उनके हाथ में एक छोटा थैला था और चेहरे पर थकान साफ झलक रही थी। कंडक्टर ने टिकट माँगा, लेकिन महिला हिचकिचाई। धीमी आवाज़ में बोली—

"बेटा, पैसे घर पर छूट गए... आज टिकट नहीं ले पाऊँगी।"

कंडक्टर नाराज़ हो गया—"अम्मा, नियम सबके लिए हैं। बिना टिकट सफर नहीं चलेगा। उतरना पड़ेगा।"

बस में खामोशी छा गई। कोई आगे नहीं आया। तभी राहुल उठा, उसने अपना टिकट बुज़ुर्ग महिला को पकड़ा दिया और खुद कंडक्टर से दूसरा टिकट खरीद लिया।

कंडक्टर ने कुछ कहना चाहा, लेकिन चुप रह गया। बुज़ुर्ग महिला की आँखें नम हो गईं। उसने राहुल का हाथ पकड़कर कहा—

"बेटा, भगवान तुझे हमेशा मंज़िल तक पहुँचाए।"

राहुल मुस्कुरा कर बोला—"अम्मा, सफर सबका होता है। बस कोई साथ देने वाला होना चाहिए।"

कुछ दिनों बाद राहुल को अपने ऑफिस में एक बड़ी प्रॉब्लम का सामना करना पड़ा। प्रोजेक्ट पास नहीं हो रहा था। तभी उसके बॉस ने कहा कि एक स्पेशल सलाहकार कंपनी में आ रही है।

राहुल हैरान रह गया जब देखा—वही बुज़ुर्ग महिला ऑफिस में आईं। वे दरअसल एक रिटायर्ड प्रोफेसर थीं और कंपनी ने उन्हें कंसल्टेंट के तौर पर बुलाया था।

उन्होंने राहुल को पहचान लिया और मुस्कुराईं— "तुम वही हो जिसने बस में मदद की थी। आज तुम्हारी बारी है, मैं तुम्हें मदद करूँगी।"

उनकी सलाह से राहुल का प्रोजेक्ट पास हो गया। उस दिन उसे समझ आया—"भलाई का हर छोटा काम एक दिन लौटकर ज़रूर आता है।"

प्रेरणा

"जीवन की बस में सफर सबका होता है। कोई एक टिकट देकर न केवल किसी की राह आसान कर सकता है, बल्कि अपनी मंज़िल को भी और पक्का कर सकता है।"

***

4.मौली

एक गाय की कहानी, लेकिन इंसानों से भी कहीं ज्यादा समझदार। मौली एक प्यारी सी सफेद गाय थी। उसके सिंग पीछे को मुड़े हुए थे, और उसी वजह से सब उसे प्यार से मौली कहते थे। वो शांत, समझदार और दिल की बहुत बड़ी थी— इंसानों से भी ज्यादा।

मैं तब चार साल का था — नटखट, शरारती, और बिल्कुल किसी तूफान की तरह।

एक दिन खेलते-खेलते मैं गौशाला में जा पहुंचा। मौली चारा खा रही थी और अपनी पूँछ से मक्खियाँ भगा रही थी। मुझे उसकी पूँछ बड़ी दिलचस्प लगी। मैंने पकड़ ली... और झूलने लगा। अचानक उसका पैर मेरे पैर पर आ गया। मैं जोर से रोने लगा।

लेकिन मौली ने तुरंत अपना पैर हटा लिया और अपनी बड़ी नरम जीभ से मेरे पैर को चाटने लगी, जैसे माफी मांग रही हो।

माँ दौड़ी आईं, मरहम लगाया और गौशाला में जाने से मना कर दिया। चोट भर गई, पर मौली का प्यार कहीं गहराई में बैठ गया।

कुछ दिन बाद मैं फिर गया। इस बार थोड़ा डरा हुआ था, पर रुकने वाला नहीं था। मौली के सामने जा खड़ा हुआ। धीरे से उंगली उसकी नाक पर रखी — और वो मेरी हथेली चाटने लगी।

डर जाते ही अपनापन पिघल गया।

फिर मेरी शरारत जागी — मौली की नाक पर बैठकर उसके सींग पकड़ लिए और बोला, "मौली झूला झूला!"

मौली ने गर्दन हिलाई और मुझे ज़मीन पर उतार दिया — धीरे से। माँ फिर आईं, कान पकड़कर ले गईं, पर मैं मुस्कुरा रहा था।

अगली सुबह फिर वही — मौली झूला बनी। इस बार उसने मुझे गिराया नहीं। मैं बहुत खुश हुआ। फिर तो ये रोज़ का खेल बन गया। मौली अब मेरी दोस्त नहीं, माँ जैसी लगने लगी थी।

लेकिन हर कहानी में एक मोड़ आता है।

एक दिन पापा ने मौली को रिश्तेदारों को देने का फैसला किया। जब सुना, तो कुछ टूटा सा लगा। उस दिन मौली के पास गया, उसने हमेशा की तरह सिर झुकाया — "झूला झूला" कहने के लिए। लेकिन मैं चुप रहा।

बस बिस्किट दिए और उसके कान में कहा — "मौली, तू मत जाना प्लीज।"

पर मैं बच्चा था। और मौली... वो बोल नहीं सकती थी।

जब वो लोग उसे ले जा रहे थे, मौली बार-बार पीछे मुड़ती। पैर अड़ाती। जैसे कहना चाह रही हो — "मुझे मत ले जाओ। मेरा दोस्त यही है।" पर वो चली गई।

मैं रोता रहा। किसी ने नहीं सुना।

उस दिन के बाद मौली फिर कभी नहीं दिखी।

आज भी जब याद करता हूँ — पहले मुस्कुरा देता हूँ, फिर आँखें भीग जाती हैं।

"मौली सिर्फ एक गाय नहीं थी — वो मेरी पहली दोस्त, मेरी पहली टीचर और सच्चे प्यार की पहली झलक थी।"

***

5. कर्मों का फल

"जीवन में प्रतिष्ठा पैसे से नहीं, इंसान के आचरण से होती है।"- धीरेंद्र सिंह बिष्ट

हरिपुर गाँव का नाम आस-पास के इलाकों में सिर्फ वहाँ की उपजाऊ ज़मीन के लिए नहीं, बल्कि वहाँ के आदर्श किसान दीनानाथ के लिए जाना जाता था। वह दयालु थे, ईमानदार थे, और अपने सिद्धांतों पर अडिग। उनकी बात को गाँव में पत्थर की लकीर माना जाता।

पत्नी के असमय निधन के बाद, उन्होंने अपने दोनों बेटों—बंशीनाथ और हरिनाथ—का पालन-पोषण अकेले किया।

पिता का अनुशासन और सादगी दोनों बेटों के सामने एक मिसाल थे, पर दोनों की सोच अलग थी।

दो रास्ते, दो सोच

बड़ा बेटा बंशीनाथ पिता की तरह खेती-बाड़ी और कारोबार में रुचि लेने लगा। वह व्यवहार में थोड़ा चालाक, लेकिन कार्यकुशल था।

हरिनाथ को कारोबार में मन नहीं लगता। वह लोगों से मिलना, उनकी परेशानियाँ सुनना और समाधान खोजने में खुशी पाता था। दीनानाथ को चिंता होती— "ये लड़का क्या करेगा जीवन में?"

एक सुबह, दीनानाथ अपने बाग में टहलते हुए उदास दिखे। मुनिम मुलचंद ने पूछा— "मालिक, चिंता किस बात की है?"

दीनानाथ बोले—

"हरिनाथ की दिशा को लेकर मन भारी रहता है।"

मुलचंद मुस्कुराया, "तो फिर शादी करा दीजिए, जिम्मेदारी खुद-ब-खुद सब सिखा देगी।"

दो शादियाँ, एक विदाई

कुछ ही समय बाद, दोनों बेटों का विवाह अच्छे घरों में धूमधाम से हो गया। सबकुछ ठीक लग रहा था।

लेकिन वक्त किसी के लिए थमता नहीं।

थोड़े ही समय बाद दीनानाथ बीमार रहने लगे। अपनी तकलीफ़ों को नजरअंदाज करते-करते एक दिन उन्होंने दुनिया को अलविदा कह दिया।

बंशीनाथ ने कारोबार संभाल लिया, और हरिनाथ—अब भी अपने स्वभाव में—सादा जीवन जी रहा था।

लेकिन अब बंशीनाथ बदलने लगा था। कारोबार में मुनाफे के चक्कर में वह स्वार्थी और कठोर हो गया।

एक दिन उसने पिता की झूठी वसीयत बनाकर अपने छोटे भाई को घर से निकाल दिया।

मंदिर की शरण

हरिनाथ अपनी पत्नी मंगला के साथ बिना शिकायत, बिना विरोध किये घर छोड़ देता है। चलते-चलते दोनों एक मंदिर में पहुँचते हैं।

पुजारी उन्हें देखकर पूछते हैं— “इतनी रात को कौन हो तुम?”

हरिनाथ ने पूरी कहानी बताई।

पुजारी का मन पसीज गया— “यहाँ धर्मशाला में रहो, लेकिन सेवा करनी होगी।”

हरिनाथ और मंगला मंदिर की सेवा में लग गए। मंगला फूलों की माला बनाती, दीप सजाती।

हरिनाथ साफ-सफाई, पूजा और भक्तों की सेवा करता। जीवन फिर से सामान्य होने लगा—सीमित, लेकिन संतोषजनक।

ईमानदारी की पहचान

एक दिन मंदिर में हरिनाथ को एक भारी संदूक मिला। उसमें बड़ा ताला लगा था। उसने वह संदूक पुजारी को सौंप दिया।

जब कई दिनों तक कोई लेने नहीं आया, तो हरिनाथ ने बैठक बुलाकर निर्णय लिया— “यह संदूक जिसके भी पास से छूटा है, उसे लौटाना हमारी जिम्मेदारी है।”

पोस्टर लगे, संदेश भेजे गए।

कुछ दिनों बाद एक साहुकार मंदिर आया और रोते हुए माँ के चरणों में गिर पड़ा— "वो संदूक मेरा है।"

हरिनाथ ने प्रमाण माँगा। साहुकार ने बताया— "उसमें मेरी पत्नी का हार है—12 मोतियों और 3 हीरों वाला।"

हरिनाथ ने सबके सामने संदूक खुलवाया—वही हार निकला। संदूक साहुकार को सौंप दिया गया।

नाम नहीं, कर्म का इनाम

साहुकार ने हरिनाथ को इनाम में सोने के गहने देने चाहे। हरिनाथ ने मना कर दिया— "अगर मुझे लालच होता, तो संदूक अपने पास ही रख लेता।"

उसने एक सोने का सिक्का उठाया और माता के चरणों में अर्पित कर दिया।

लोगों की आंखों में श्रद्धा थी। पुजारी ने हरिनाथ को मंदिर का प्रमुख बना दिया। उसकी ईमानदारी ने उसे वो सम्मान दिलाया जो पैसे से नहीं मिलता।

हरिनाथ का जीवन फिर से समृद्ध हो गया—सच्चाई और सेवा से।

बंशीनाथ की गिरावट

उधर, बंशीनाथ का लालच अब उसके लिए जाल बन गया। उसने मुनाफे के लिए गलत रास्ते अपनाये, कर्ज लिया, लौटाया नहीं—कारोबार ठप हो गया।

घर में अनाज नहीं बचा। बच्चे भूख से रोने लगे। पत्नी ने ताने नहीं दिए, बस एक दिन कहा— "जो बोया है, वही काटना है।"

हारकर बंशीनाथ गाँव छोड़ शहर की ओर चल पड़ा।

दो भाई, एक भंडारा

भूख-प्यास में बंशीनाथ परिवार समेत उसी मंदिर पहुँच गया जहाँ हरिनाथ रहता था।

संजोग ऐसा कि उस दिन हरिनाथ के बेटे का जन्मदिन था और मंदिर में गरीबों के लिए भंडारा चल रहा था।

बंशीनाथ भंडारे में बैठा, चेहरा छिपा रहा था।

तभी उसके पास प्रसाद लेकर खुद हरिनाथ पहुँचा।

बड़ा भाई देखते ही रो पड़ा, माफ़ी माँगने लगा।

हरिनाथ ने बिना देर किये उसे गले से लगा लिया और कहा— "भाई तो भाई होता है, चाहे जैसा भी हो।"

दोनों ने मिलकर गरीबों को भोजन परोसा। उस दिन भाईचारे की असली पूजा हुई।

कर्म ही असली पूंजी है

हरिनाथ ने अपने भाई को माफ़ किया। बंशीनाथ को फिर से मंदिर की सेवा में लगा दिया।

कुछ समय बाद उसे भी फिर आत्मसम्मान मिला।

हरिनाथ का जीवन सबके लिए प्रेरणा बन गया।

वह नगर प्रमुख नियुक्त हुआ, लेकिन उसमें घमंड नहीं आया।

हर काम में संयम, हर व्यवहार में विनम्रता बनी रही।

लोग कहते— "हरिनाथ जैसे व्यक्ति आज के समय में दुर्लभ हैं।"

कहानी का सार

कर्म ही असली पूंजी है।

बंशीनाथ ने जब अपने कर्मों से मुँह मोड़ा, तो उसे उसका फल मिला—बर्बादी।

हरिनाथ ने ईमानदारी नहीं छोड़ी, सेवा नहीं छोड़ी—तो उसे उसका फल भी मिला—सम्मान और सुकून।

हरिनाथ के आखिरी शब्द—

"जीवन में प्रतिष्ठा पैसे से नहीं, इंसान के आचरण से होती है।"

"कर्म कोई भी करो, फल जरूर मिलेगा—जैसा कर्म, वैसा फल।"

यह कहानी नहीं, आईना है।

जो दिखाती है कि सच्चाई भले कमज़ोर दिखे, पर अंत में वही सबसे ताक़तवर होती है।

***

6. कोशिश - अंधेरे से जिंदगी के उजाले तक

जीवन में संघर्ष हर किसी के हिस्से में आता है, लेकिन जो व्यक्ति इन संघर्षों से हार नहीं मानता, वही सफलता की ऊंचाइयों को छूता है। यह कहानी एक ऐसे युवक, रोहन की है, जो अंधेरे से उजाले की ओर बढ़ने की यात्रा करता है।

यह केवल उसकी कहानी नहीं, बल्कि हर उस व्यक्ति की कहानी है, जो कभी हारा नहीं और अपनी मेहनत से सफलता की राह बनाई।

सपनों की शुरुआत

रोहन बचपन से ही बड़े सपने देखता था। उसके मन में एक आग थी, कुछ बनने की, कुछ कर दिखाने की।लेकिन उसके पास ना तो कोई खास संसाधन थे, और ना ही कोई विशेष मार्गदर्शन।

वह सिर्फ अपनी मेहनत और जिद के दम पर आगे बढ़ना चाहता था।

"सपने, सपने... जिस दिशा में देखूं, वहाँ बस सपने ही सपने होते हैं।"

हर सुबह एक नए संघर्ष की शुरुआत होती।

नौकरी की तलाश में इंटरव्यू दर इंटरव्यू देना उसकी दिनचर्या बन गई थी। कई बार उसे रिजेक्शन का सामना करना पड़ता, लेकिन उसने कभी हिम्मत नहीं हारी।

हर असफलता से कुछ सीखता और खुद को बेहतर बनाता।

संघर्ष और चुनौतियाँ

शहर की भीड़भाड़ में एक शांत कोने में बैठे रोहन ने खुद से सवाल किया,

"क्या मैं कभी अपने सपनों को पूरा कर पाऊँगा? क्या यह संघर्ष कभी खत्म होगा?"

लेकिन फिर उसकी सोच बदल गई। उसने खुद से कहा,

"मैं तब तक हार नहीं मानूंगा, जब तक जीत मेरी कहानी नहीं बन जाती।"

रोहन ने छोटी-छोटी नौकरियों से शुरुआत की, लेकिन हर काम को पूरे समर्पण से किया। उसने अपने आसपास के सफल लोगों से सीखना शुरू किया। हर इंटरव्यू को एक अवसर की तरह लिया और अपनी गलतियों से सीखने की कोशिश की।

पहली सफलता की किरण

एक दिन, जब वह अपने पिछले रिजेक्शन्स से निराश था, अचानक उसके फोन पर एक कॉल आया।

यह कॉल उसके संघर्षों का पहला इनाम था। उसे एक अच्छी नौकरी मिल गई थी।

यह उसकी मेहनत और धैर्य का नतीजा था।लेकिन सफलता यहीं तक सीमित नहीं थी। यह सिर्फ एक शुरुआत थी।

नए सपनों की उड़ान

नए ऑफिस में काम शुरू करने के बाद भी चुनौतियाँ खत्म नहीं हुई थीं। नए माहौल में खुद को साबित करना था।

रोहन ने मेहनत जारी रखी और अपनी लगन से टीम लीडर के पद तक पहुँचा।

यह उसकी सोच का परिणाम था –

"मुश्किलें आएंगी, लेकिन अगर मैं सही दिशा में चलता रहूँ, तो मंजिल जरूर मिलेगी।"

संघर्ष से आत्मनिर्भरता तक

एक दिन, रोहन की कंपनी में छंटनी का दौर चला। उसे भी नौकरी छोड़नी पड़ी। यह एक बड़ा झटका था, लेकिन उसने इसे अपनी हार नहीं बनने दिया।

उसने खुद को फिर से खड़ा किया और आत्मनिर्भर बनने का फैसला किया। उसने अपने कौशल को निखारकर खुद का व्यवसाय शुरू किया।

धीरे-धीरे, उसका बिजनेस बढ़ने लगा, और वह खुद दूसरों को नौकरी देने लगा।

प्रेरणा का स्रोत

आज, रोहन न केवल सफल है, बल्कि वह उन लोगों की भी मदद करता है जो संघर्ष कर रहे हैं।

वह लोगों को यह सिखाता है कि असफलता सिर्फ एक सबक होती है, न कि यात्रा का अंत।

लेखक: धीरेंद्र सिंह बिष्ट

"हमेशा अपने सपनों का पीछा करो, और जब तक मंजिल तक न पहुँचो, तब तक कभी हार मत मानो ।"

अगला अध्याय – क्या होगा आगे?

रोहन की यात्रा यहाँ समाप्त नहीं होती । वह नई ऊँचाइयों की ओर बढ़ रहा है, नए सपने देख रहा है और अपने संघर्षों से दूसरों को प्रेरित कर रहा है ।

क्या आप भी अपनी जिंदगी में अंधेरे से उजाले तक का सफर तय करने के लिए तैयार हैं?

कोशिश - अंधेरे से जिंदगी के उजाले तक (भाग 2) में जानिए रोहन के आगे के संघर्ष और उपलब्धियों की कहानी ।

अंतिम संदेश

हर व्यक्ति के जीवन में कठिनाइयाँ आती हैं, लेकिन जो व्यक्ति अपने आत्मविश्वास और मेहनत के बल पर आगे बढ़ता है,

वही असली विजेता होता है। अगर रोहन अपनी जिंदगी बदल सकता है, तो आप भी कर सकते हैं।

32

कभी हार मत मानो, क्योंकि कोशिश करने वालों की कभी हार नहीं होती!

कोशिश - अंधेरे से जिंदगी के उजाले तक (भाग 2)

परिचय

कभी-कभी जीवन हमें ऐसे मोड़ पर ले आता है, जहां से आगे बढ़ना असंभव सा लगता है।

लेकिन ऐसे ही मुश्किल क्षण हमारी असली परीक्षा होते हैं। यह कहानी है रोहन की, जिसने संघर्ष को अपना साथी बनाया और हर मुश्किल को अपने हौसले से हराया।

अध्याय 1: सोच की ताकत

"सोच ही एक ऐसी सीढ़ी है, जो इंसान को खुद से और दुनिया को उससे जोड़ती है।"

रोहन बचपन से ही आत्मनिर्भर और जुझारू स्वभाव का था। उसकी सोच हमेशा सकारात्मक थी।

वह जानता था कि दुनिया में वही लोग सफल होते हैं, जो चुनौतियों से घबराते नहीं, बल्कि उनका डटकर सामना करते हैं।

हर सुबह ऑफिस जाते समय वह खुद से कहता,

"आज का दिन मेरा होगा!"

लेकिन उसे नहीं पता था कि आने वाले दिन उसकी सहनशक्ति की सबसे कठिन परीक्षा लाने वाले हैं।

अध्याय 2: संघर्ष की शुरुआत

एक दिन, ऑफिस में काम करते हुए अचानक उसका फोन बजा।

दूसरी ओर से आवाज आई, "रोहन, बॉस ने तुम्हें केबिन में बुलाया है।" केबिन में घुसते ही माहौल गंभीर था। उसके सामने ऑफिस के बड़े अधिकारी और एचआर मैनेजर बैठे थे।

बॉस ने गहरी सांस लेते हुए कहा, "रोहन, मैनेजमेंट ने 12 लोगों की लिस्ट बनाई है, जिनका अनुबंध समाप्त किया जा रहा है। तुम्हारा नाम भी उसमें शामिल है।

तुम्हें अगले महीने तक कोई नई नौकरी ढूंढनी होगी।"

ये शब्द सुनकर रोहन की दुनिया मानो रुक गई। एक पल के लिए उसे कुछ समझ नहीं आया।

इतनी मेहनत के बाद भी उसे नौकरी से निकाल दिया गया था। लेकिन रोहन ने हिम्मत नहीं हारी।

अध्याय 3: असफलता से सीख

ऑफिस से बाहर निकलते ही उसके मन में कई सवाल उमड़ने लगे।

"अब क्या करूँ?

क्या मेरी मेहनत वाकई बेकार गई?"

लेकिन उसने तुरंत खुद को संभाला।

उसके दोस्त मोहित ने उसे प्रोत्साहित करते हुए कहा,

"रोहन, यह अंत नहीं है, बल्कि एक नई शुरुआत है। मैं एक जॉब कंसल्टेंसी में जानता हूँ, वहां तेरा रिज्यूमे भेज दूंगा।"

यह सुनकर रोहन को थोड़ी राहत मिली।

उसने खुद को समझाया, "अभी हार नहीं मान सकता। यह सिर्फ एक परीक्षा है।"

अध्याय 4: नई राह की तलाश

रोहन ने अगले कुछ दिनों में दर्जनों नौकरियों के लिए आवेदन किया।

वह हर इंटरव्यू में जाता, लेकिन जवाब वही मिलता – "आपको एक्सपीरियंस कम है।"

इन असफलताओं ने उसे मजबूत बना दिया। उसने खुद को अपस्किल करना शुरू किया, नई चीजें सीखीं, और खुद को पहले से ज्यादा सक्षम बनाया।

अध्याय 5: सफलता की ओर

कुछ हफ्तों बाद, उसे एक बड़ी कंपनी से इंटरव्यू के लिए बुलावा आया। इस बार, वह पूरी तैयारी से गया।

आत्मविश्वास से भरा हुआ। और आखिरकार, उसे वह नौकरी मिल गई जिसका वह हकदार था।

इस अनुभव ने उसे सिखाया कि असफलता का मतलब अंत नहीं, बल्कि एक नया मौका होता है।

संदेश

जीवन में चुनौतियां आएंगी, लेकिन हमें उनसे हार नहीं माननी चाहिए। हर असफलता, हर संघर्ष हमें कुछ न कुछ सिखाने के लिए आता है।

"हमेशा अपने सपनों का पीछा करो, और जब तक मंजिल तक न पहुंचो, तब तक हार मत मानो!"

लेखक: धीरेंद्र सिंह बिष्ट

आगे की कहानी के लिए जुड़े रहिए – क्योंकि रोहन की यात्रा अभी खत्म नहीं हुई है।

***

कोशिश - अंधेरे से जिंदगी के उजाले तक | भाग 3

संघर्ष से सफलता की ओर

नई शुरुआत

रोहन के जीवन में संघर्ष तो था, लेकिन अब उसकी सोच बदल चुकी थी। उसे महसूस होने लगा था कि कठिनाइयाँ जीवन का हिस्सा हैं, लेकिन उनसे लड़कर आगे बढ़ना ही असली जीत होती है।

अब वह अपने लक्ष्य को पाने के लिए दिन-रात मेहनत करने को तैयार था।

एक दिन, जब वह अपने ऑफिस में बैठा हुआ था, तब अचानक उसके बॉस ने उसे मीटिंग के लिए बुलाया। उसके मन में उत्सुकता थी, लेकिन घबराहट भी थी।

उसने खुद से कहा, "जो भी होगा, अच्छा ही होगा। मैं मेहनत से पीछे नहीं हटा, तो सफलता भी मुझसे दूर नहीं जाएगी।"

मीटिंग में जाते ही बॉस ने गंभीर स्वर में कहा, "रोहन, तुम्हारी मेहनत और लगन ने हमें प्रभावित किया है। अब समय आ गया है कि तुम एक बड़ी जिम्मेदारी संभालो।

हम तुम्हें डिपार्टमेंट का हेड बनाना चाहते हैं। यह आसान नहीं होगा, लेकिन हमें पूरा भरोसा है कि तुम यह कर सकते हो।"

रोहन के लिए यह किसी सपने के सच होने जैसा था।

उसने आत्मविश्वास से जवाब दिया,

"सर, मैं पूरी मेहनत से इस जिम्मेदारी को निभाऊँगा।

यह मेरी अब तक की मेहनत का परिणाम है और मैं इसे और आगे लेकर जाऊँगा।"

नई जिम्मेदारियाँ और चुनौतियाँ

नई भूमिका के साथ ही उसकी चुनौतियाँ भी बढ़ गईं। अब उसे सिर्फ खुद को ही नहीं, बल्कि अपनी पूरी टीम को भी प्रेरित करना था।

उसे यह एहसास हुआ कि एक अच्छा लीडर वही होता है जो अपने साथियों को आगे बढ़ने में मदद करे।

उसकी टीम में कई ऐसे लोग थे जो खुद को कमजोर समझते थे।

रोहन ने उनसे कहा,

"तुम्हारे पास भी वही हुनर है जो किसी भी सफल व्यक्ति के पास होता है। फर्क सिर्फ इतना है कि तुम्हें खुद पर भरोसा रखना होगा और अपने डर को हराना होगा।"

धीरे-धीरे, उसकी टीम में आत्मविश्वास बढ़ने लगा। सभी अपने काम में ज्यादा मेहनत करने लगे और नतीजे भी आने लगे।

कठिनाइयों से सीखना

सफलता का रास्ता कभी आसान नहीं होता। रोहन को भी कई मुश्किलों का सामना करना पड़ा।

एक बार उसकी टीम को एक बड़ा प्रोजेक्ट मिला, लेकिन संसाधन कम थे और समय बहुत कम।

टीम के कुछ सदस्य निराश हो गए।

रोहन ने सभी को एकजुट किया और कहा

"मुश्किलें तभी आती हैं जब हम उनके लिए तैयार होते हैं। हार मानना कोई विकल्प नहीं है। अगर हम मिलकर काम करेंगे, तो यह प्रोजेक्ट न सिर्फ पूरा होगा, बल्कि यह हमारी सबसे बड़ी उपलब्धि होगी।"

उसकी बातों का असर हुआ और पूरी टीम ने एकजुट होकर मेहनत की।

आखिरकार, प्रोजेक्ट सफल हुआ और कंपनी को जबरदस्त मुनाफा हुआ। इस सफलता ने रोहन को और मजबूत बना दिया।

असली सफलता

समय बीतता गया और रोहन ने अपनी मेहनत और नेतृत्व से खुद को एक मजबूत स्थान पर पहुँचा दिया।

लेकिन अब उसकी सोच बदल चुकी थी। अब वह केवल अपने लिए नहीं, बल्कि दूसरों की सफलता के लिए भी काम करना चाहता था।

उसने एक युवा नेतृत्व कार्यक्रम शुरू किया, जहाँ वह नए कर्मचारियों को सफलता की राह दिखाने लगा।

उसने समझा कि असली सफलता सिर्फ ऊँचाई पर पहुँचना नहीं है, बल्कि दूसरों को भी आगे बढ़ाने में मदद करना है।

एक दिन, जब वह अपने ऑफिस की बालकनी में खड़ा था, तो उसे अपने संघर्ष के दिन याद आए।

उसने खुद से कहा, "अगर मैं हार मान लेता, तो आज यहाँ नहीं होता।

असली जीत वही होती है, जहाँ आप अपनी मेहनत से न सिर्फ खुद को, बल्कि दूसरों को भी ऊपर उठाते हैं।"

निष्कर्ष

रोहन की कहानी हमें यह सिखाती है कि जीवन में सफलता का कोई आसान रास्ता नहीं होता।

असफलता और संघर्ष हर किसी के जीवन में आते हैं, लेकिन जो व्यक्ति धैर्य और आत्मविश्वास के साथ आगे बढ़ता है, वही जीतता है।

अगर हम अपने सपनों को सच में हासिल करना चाहते हैं, तो हमें मेहनत, संघर्ष और खुद पर भरोसे का रास्ता अपनाना होगा। याद रखिए, सफलता का असली मंत्र है - "कभी हार मत मानो और अपने सपनों के लिए पूरी शिद्दत से मेहनत करो।"

***

7. नेकी – सच्चाई की जीत

ज ब हालात बुरे हों और अपने ही साथ छोड़ दें, तब नेकी और समझदारी ही होती है जो इंसान को संभालती है। यह कहानी है उत्तम की, एक व्यापारी जो मेहनत, ईमानदारी और बुद्धिमानी के दम पर ज़िन्दगी की हर लड़ाई जीतता है।

सायंकाल का समय था, आसमान हल्की लाली से चमक रहा था। उत्तम, एक होशियार और मेहनती व्यापारी, अपने साथियों के साथ सफर पर था। दिन भर की थकान के बाद उसने कहा,

"थोड़ा विश्राम कर लें, फिर आगे बढ़ेंगे।"

पास के ढाबे पर सबने विश्राम किया और आगे का सफर तय किया।

कुछ ही समय में वे शहर पहुँच गए और व्यापार सफलतापूर्वक पूरा किया।जब उत्तम अपने घर लौटा, उसके माता-पिता की खुशी का ठिकाना नहीं रहा।

"इस बार समय पर आ गया बेटा, त्योहार तुम्हारे साथ मनेगा," पिताजी बोले।

समय बीता, मेहनत रंग लाई और उत्तम का व्यापार खूब चला। लेकिन जब उसने कारोबार अपनों को सौंपा,

उन्होंने उसी के साथ धोखा कर दिया।

उत्तम की जिंदगी एक पल में उजड़ गई

पिता की मौत, घर का बिकना, और सड़क पर आया परिवार— सभी दुःख एक साथ टूट पड़े।

लेकिन नेकी और हौसला वहीं खत्म नहीं हुआ। एक पुराने साथी ने उसे सहारा दिया।

"व्यापार फिर से कर लो," साथी ने कहा।

"नहीं," उत्तम बोला, "अब कुछ ऐसा करूंगा जिसमें औरों की भलाई हो।"

उसने ग्रामोद्योग शुरू किया। खुद ही रज़ाई-कंबल बनाए,

परिवार के साथ मिलकर मेहनत की।

धीरे-धीरे उसका काम चला, एक प्रदर्शनी में सम्मान मिला, और बैंक से इनाम भी।

लेकिन फिर एक और मोड़ आया—

गांव वालों ने बहकावे में आकर उसे कच्चा माल देना बंद कर दिया।

उत्तम ने चुपचाप एक युक्ति अपनाई।

व्यापारियों को गांव से माल न खरीदने को कहा और अफवाह फैलाई कि वह उद्योग बेच रहा है।

जल्द ही गांव वाले पछताए और माफी मांगने आ गए। उत्तम ने उन्हें माफ किया और कहा:

"यह उद्योग हम सबकी रोटी है। मैं इसे नहीं बेचूंगा, पर भरोसा चाहिए"

गांव वालों ने वादा किया।

व्यापार फिर से चला और उत्तम ने पुराना सारा कर्ज चुका दिया।

प्रेरणा

"नेकी को दबाने की लाख कोशिशें हो सकती हैं,

पर जो नेक है, उसका सिर कभी झुकता नहीं।"

***

8. फाउंटेन पेन – खुद पर भरोसे की ताकत

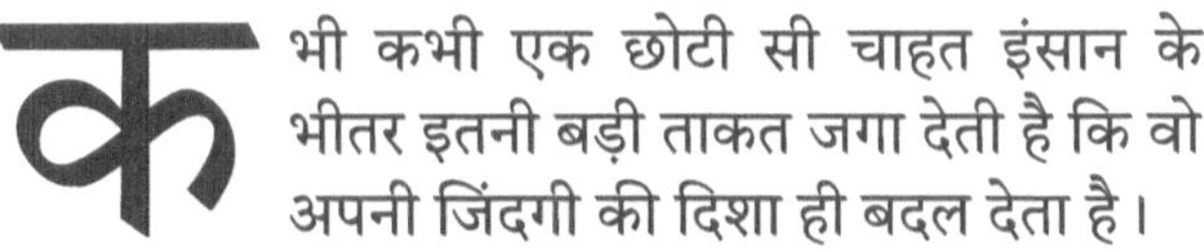

क भी कभी एक छोटी सी चाहत इंसान के भीतर इतनी बड़ी ताकत जगा देती है कि वो अपनी जिंदगी की दिशा ही बदल देता है।

ये कहानी है एक छोटे से गाँव के पाँचवी कक्षा में पढ़ने वाले लड़के की, जिसकी नज़रें एक फाउन्टेन पैन पर अटक गई थीं। कक्षा में जब उसने अपने सहपाठियों को सुंदर फाउन्टेन पैन से लिखते देखा,

तो उसके दिल में भी एक चाह जागी—

"काश मेरे पास भी ऐसा पैन होता!"

उसने दोस्तों से माँगा, लेकिन उन्होंने साफ मना कर दिया।

मन भारी था,

आँखों में वही चमकता पैन था।

घर लौटकर उसने माँ से इच्छा ज़ाहिर की। माँ ने दिल रखने को "हाँ" तो कह दिया,

लेकिन असल फैसला पिताजी का था।

पिता खेतों से लौटे।

माँ ने बात बताई। पिताजी ने गहराई से सोचा और कहा—

"अभी नहीं। जब तक कोई उपलब्धि नहीं होगी, तब तक वो इसकी कदर नहीं करेगा।"

अगले दिन पिताजी ने साफ मना कर दिया।

बच्चा उदास हो गया, खाना भी नहीं खाया।

पिताजी ने देखा कि बेटे की चाहत जिद बन चुकी है।

तब उन्होंने शर्त रखी— "इस बार परीक्षा में अच्छे अंक लाओ, तो पैन मिलेगा।"

बच्चे ने शर्त मान ली।

अब उसके लिए पढ़ाई सिर्फ ज़रूरी नहीं,

एक जुनून बन गई। उसने खेलना-कूदना छोड़ दिया, पूरी मेहनत से पढ़ाई की। परीक्षा आई, उसने सब कुछ झोंक दिया।

फिर रिजल्ट का दिन आया।

स्कूल में उसका नाम सम्मान के साथ लिया गया। पिताजी के चेहरे पर गर्व था।

घर लौटते वक्त सबसे पहला काम

उसे वो फाउन्टेन पैन दिलाना।

पैन मिला, लेकिन साथ में मिला आत्मविश्वास और मेहनत की कीमत समझने का एहसास।

सीख:

चाहत अगर सच्ची हो, तो वो मेहनत की शक्ल ले लेती है। और मेहनत कभी खाली नहीं जाती।

***

९. कुर्ता और चप्पल

साधारण होना कोई शर्म की बात नहीं

दुनिया अक्सर बाहरी चमक को पहचान मान बैठती है। लेकिन असली वजन इंसान के काम और सोच का होता है, न कि कपड़ों का।

ये कहानी है एक छोटे से गाँव के पाँचवी कक्षा में पढ़ने वाले लड़के की, जिसकी नज़रें एक फाउन्टेन पैन पर अटक गई थीं।

कहानी

कॉलेज का पहला दिन था।

भीड़ में एक लड़का दिखा—सफेद सूती कुर्ता, घिसी हुई चप्पल, और हाथ में पुरानी किताबें।

कुछ स्टूडेंट्स ने देखा और हँसी दबा ली।

"भाई ये कौन सा गांव से आया है?"

"अरे, ये क्या पहन रखा है!"

लेकिन वो लड़का बेपरवाह था। सीधा क्लास में जाकर सबसे आगे बैठ गया।

हफ़्ते भर बाद एक ग्रुप प्रजेंटेशन था।

टॉपिक था: "भारत में सामाजिक असमानता" ।जब उस लड़के की बारी आई, उसने बोलना शुरू किया—

आँखों में आत्मविश्वास, आवाज़ में गहराई ।

उसके तर्क साफ़ थे, उदाहरण दमदार। पूरे क्लासरूम में सन्नाटा था। प्रोफेसर बोले, "तुमने जो समझाया, वो किताबों में नहीं मिलता ।"

अगले दिन वही लोग जो उसकी चप्पल पर हँसे थे, नोट्स मांगने उसके पास आए ।

और अब उसे "गांव वाला" नहीं, "वालेडिक्टोरियन" कहने लगे ।

प्रेरणा

"कपड़े इंसान को ढकते हैं, उसकी काबिलियत को नहीं ।
असल पहचान चमक में नहीं, समझ में होती है ।"

***

10. कांच का गिलास

कुछ चीज़ें बहुमूल्य नहीं होतीं, लेकिन जब टूटती हैं तो खालीपन छोड़ जाती हैं — और कभी-कभी, सबक भी।

एक बार एक माँ ने अपने बेटे को रोज़ सादे कांच का एक गिलास देकर पानी पीने को कहा।

बेटा बोला,

"माँ, ये पुराना है, प्लास्टिक वाला दो, ये तो टूट सकता है।"

माँ मुस्कराई:

"यही तो बात है — जो चीज़ टूट सकती है, उसे सोच-समझकर इस्तेमाल करना सीखो।"

एक दिन जल्दबाज़ी में बेटे के हाथ से गिलास गिर गया और टूट गया।

वो घबरा गया, माँ के पास गया:

"माँ, गिलास टूट गया। माफ कर दो।"

माँ ने कहा,

"कोई बात नहीं। लेकिन अब समझ आया?

टूटने वाले चीज़ों के साथ ध्यान से रहना पड़ता है।
और बेटा — रिश्ते भी ऐसे ही होते हैं।"

प्रेरणा

"टूटने वाली चीज़ें कमज़ोर नहीं होतीं, बस उन्हें समझदारी
चाहिए।"

चाहे वो गिलास हो या रिश्ता —
टूट जाए तो जोड़ सकते हो,
लेकिन दरारें याद रह जाती हैं।

***

11. दीवार पर लगी घड़ी – वक़्त का सबसे ईमानदार आईना

दीवार पर टंगी घड़ी कुछ कहती है, पर लोग उसकी टिक-टिक सुनते हैं, मतलब नहीं समझते।

राहुल रोज़ सुबह उठकर घड़ी देखता। कभी जल्दी भागता, कभी देर से उठता, कभी वक़्त को कोसता, कभी खुद को।

एक दिन उसके दादाजी ने पूछा, "बेटा, ये घड़ी क्या बताती है?"

राहुल बोला,

"समय। कब स्कूल जाना है, कब खाना है, कब सोना है..."

दादाजी मुस्कराए:

"नहीं बेटा, ये घड़ी और भी बहुत कुछ बताती है।"

राहुल चौंका:

"जैसे?" दादाजी बोले:

"ये बताती है कि वक़्त किसी के लिए नहीं रुकता।

ये बताती है कि हर सेकंड की कीमत है।

और सबसे बड़ी बात — ये कभी झूठ नहीं बोलती।

अगर तुम देर कर दो, तो ये कहेगी कि तुमने देर की — न कि किसी और ने।"

राहुल चुप हो गया।

अगले दिन से उसने घड़ी सिर्फ देखने के लिए नहीं,

समझने के लिए देखनी शुरू की।

प्रेरणा

"घड़ी वो आईना है, जो बताता है — तुम कहाँ खड़े हो, और कितना पीछे हो या आगे।"

वक़्त हर दिन जवाब माँगता है,

लेकिन जवाब हम खुद से देना नहीं सीखते।

***

12. टूटे खिलौने – हालात से हार मत मानो

बचपन में हम खिलौने टूटने पर दुखी हो जाते हैं, लेकिन बड़े होने पर जब सपने टूटते हैं, तो क्या हम हार मान लेते हैं? यह कहानी है रोहन की, जिसने अपने हालात को अपनी जीत का रास्ता बना लिया।

कहानी

छह साल का रोहन अपने खिलौनों से बहुत प्यार करता था।जब भी कोई खिलौना टूटता, वह ज़ोर-ज़ोर से रोने लगता।

उसकी माँ उसे हर बार समझाती,

"बेटा, टूटने का मतलब खत्म होना नहीं होता, इसे फिर से जोड़ने का हुनर सीखो।"

एक दिन उसका सबसे पसंदीदा खिलौना—

एक लाल कार, टूट गई। रोहन बहुत उदास हुआ।

उसने कार उठाई और उसे ध्यान से देखा।

पहली बार उसने उसे जोड़ने की कोशिश की।

थोड़ा गोंद लगाया, कुछ पुराने हिस्से बदले, और कार फिर से चलने लगी।

वह बहुत खुश हुआ।

समय बीता, रोहन बड़ा हुआ, लेकिन ज़िंदगी में एक बड़ा तूफ़ान आया।

उसके पिता की अचानक मृत्यु हो गई।

घर की हालत बिगड़ गई, पढ़ाई अधूरी रह गई, और सपने बिखर गए।

अब वह अकेला था, बिना किसी सहारे के।

एक दिन, उसने अपनी पुरानी चीज़ें निकालते हुए वही लाल कार देखी।

उसे अपनी गाँ की बात याद आई—

"टूटने से कुछ खत्म नहीं होता, उसे फिर से जोड़ना सीखो"

इस बात ने उसके भीतर कुछ जगा दिया।उसने एक छोटी-सी रिपेयरिंग दुकान खोली।

पहले वह खिलौने ठीक करने लगा, फिर मोबाइल, फिर इलेक्ट्रॉनिक्स।

धीरे-धीरे उसका काम बढ़ा और मेहनत रंग लाई। कुछ सालों में उसका खुद का एक बड़ा सर्विस सेंटर था।

अब वही लोग, जो कभी उसे दया की नज़र से देखते थे, उसके ग्राहक बन गए थे।

प्रेरणा

"जो बिखर जाए, वो खत्म नहीं होता—

बस उसे जोड़ने का हुनर चाहिए।"

रोहन की कहानी हमें सिखाती है कि ज़िंदगी में हार वही मानता है,

जो टूटकर बैठ जाता है। लेकिन जो दोबारा खड़ा होने की हिम्मत रखता है, वही असली विजेता होता है।

***

13. जूते का फीता – छोटी चीज़ों की बड़ी कीमत

ज़िंदगी में असफलता हमेशा बड़ी ग़लतियों की वजह से नहीं आती। कभी-कभी एक छोटी-सी लापरवाही भी बड़े सपनों को गिरा सकती है।यह कहानी है अमित की, जिसने एक छोटी-सी ग़लती से एक बड़ा सबक सीखा।

कहानी

अमित एक बहुत अच्छा धावक था। स्कूल की वार्षिक दौड़ प्रतियोगिता में उसने भाग लेने का फैसला किया।

उसने महीनों मेहनत की थी। वह अपने सपने के बेहद क़रीब था।

दौड़ शुरू हुई, अमित तेज़ भागने लगा।

वह सबसे आगे था। लेकिन अचानक, कुछ मीटर पहले, वह ठोकर खाकर गिर गया।

उसके पीछे वाले सभी धावक उसे पार कर गए और अमित हार गया।

उसने देखा—उसके जूते का फीता खुला हुआ था।

वह बहुत गुस्से में था, अपने आप पर।

उसने महीनों मेहनत की थी, दौड़ भी लगभग जीत चुका था, लेकिन एक छोटी-सी ग़लती की वजह से सब बेकार चला गया।

अमित ने उसी पल फैसला किया—

अब वह कभी भी छोटी चीज़ों को हल्के में नहीं लेगा।

अगले साल, उसने हर छोटी चीज़ पर ध्यान दिया। अपने जूतों के फीते कसकर बांधे, अपनी ट्रेनिंग और बेहतर की। और इस बार, वह न सिर्फ दौड़ा, बल्कि विजेता भी बना।

प्रेरणा

"ज़िंदगी की दौड़ में हारते वही हैं, जो छोटी चीज़ों को नज़रअंदाज कर देते हैं।"

अमित की कहानी हमें सिखाती है कि सफ़लता सिर्फ बड़े फैसलों पर नहीं, बल्कि छोटी बातों पर ध्यान देने से भी मिलती है।

***

14. अधूरी पेंटिंग – मेहनत से सब पूरा हो सकता है

अगर कोई चीज़ अधूरी रह जाए, तो क्या वह बेकार हो जाती है? नहीं, क्योंकि जब तक कोशिश बाकी है, तब तक कुछ भी पूरा हो सकता है।

यह कहानी है रवि की, जिसने अपनी अधूरी पेंटिंग को अपनी सबसे बड़ी सफलता बना दिया।

कहानी

रवि को बचपन से पेंटिंग का बहुत शौक था। वह घंटों बैठकर रंगों से खेलता और अपने ख्यालों को कैनवास पर उतारता।

लेकिन वह हर बार अपनी पेंटिंग को अधूरा छोड़ देता।

उसके पिता ने एक दिन उससे पूछा, "बेटा, तुम हर बार पेंटिंग अधूरी क्यों छोड़ देते हो?"

रवि बोला, "मुझे लगता है कि मैं इसे और बेहतर बना सकता था, लेकिन मैं डर जाता हूँ कि कहीं खराब न हो जाए।"

पिता मुस्कुराए और बोले,

"बेटा, ज़िंदगी की हर पेंटिंग को पूरा करना ज़रूरी होता है। अधूरा छोड़ दोगे, तो कभी नहीं जान पाओगे कि तुम क्या बना सकते थे।"

रवि ने पहली बार अपनी एक पेंटिंग पूरी की। और आश्चर्य की बात यह थी कि वही पेंटिंग उसकी सबसे अच्छी कृति बनी।

कुछ सालों बाद, जब वह एक मशहूर आर्टिस्ट बना, तो उसने अपने स्टूडियो में वह पहली पेंटिंग सजा रखी थी।

क्योंकि वही पेंटिंग उसे याद दिलाती थी कि "कोई चीज़ तब तक अधूरी नहीं होती, जब तक तुम उसे पूरा करने की हिम्मत रखते हो।"

प्रेरणा

"अधूरी कोशिशें हमेशा पछतावा बनती हैं, लेकिन पूरी मेहनत हमेशा सफलता लाती है।"

रवि की कहानी बताती है कि हार मत मानो, मेहनत करो—
सब कुछ पूरा हो सकता है।

***

लेखक: धीरेंद्र सिंह बिष्ट

15.टूटी हुई पेंसिल – अधूरे सपने भी पूरे हो सकते हैं

कभी-कभी हम सोचते हैं कि जो अधूरा है, वह बेकार है। लेकिन क्या सच में ऐसा है? यह कहानी बताती है कि अधूरे सपने भी पूरे किए जा सकते हैं—अगर इंसान खुद पर भरोसा रखे।

छोटे से गाँव में रहने वाला अमन एक होनहार छात्र था। उसका सपना था कि वह एक दिन बड़ा लेखक बने, लेकिन उसके पास किताबें खरीदने तक के पैसे नहीं थे।

वह गाँव के सरकारी स्कूल में पढ़ता, वहीं पुरानी लाइब्रेरी से किताबें निकालकर पढ़ता और मन ही मन नए विचार बुनता।

अमन की सबसे बड़ी खासियत थी—उसका पेंसिल से लिखना।

लेकिन उराके पास सिर्फ एक ही पेंसिल थी, और वह भी आधी घिस चुकी थी। क्लास के बच्चे अक्सर उसका मजाक उड़ाते।

"अरे, अमन! नई पेंसिल खरीद लो। ये तो अब पकड़ने लायक भी नहीं बची!"

लेकिन अमन सिर्फ मुस्कराता और कहता,

"जब तक ये लिख सकती है, मैं इसे नहीं फेंकूंगा।"

एक दिन स्कूल में एक लेखन प्रतियोगिता हुई।

विषय था— "बड़ा सपना, छोटी शुरुआत"। अमन ने अपनी आधी पेंसिल से एक शानदार निबंध लिखा।

जब रिजल्ट आया, तो अमन ने पहला स्थान प्राप्त किया।

जब स्कूल के प्रिंसिपल ने उसका नाम पुकारा, तो उन्होंने पूछा,

"अमन, तुमने इतनी छोटी पेंसिल से इतना बड़ा सपना कैसे लिखा?"

अमन ने सिर ऊँचा किया और जवाब दिया,

"सपने छोटे-बड़े नहीं होते, हिम्मत छोटी-बड़ी होती है। मेरी पेंसिल छोटी हो सकती है,

लेकिन मेरा सपना पूरा होग"

उस दिन अमन ने सबको यह सिखा दिया कि अधूरे साधनों से भी मुकम्मल लक्ष्य हासिल किए जा सकते हैं।

प्रेरणा

"अधूरे संसाधन कभी रुकावट नहीं बनते, अगर हौसला पूरा हो।"

***

16.बंद घड़ी – रुका हुआ वक्त भी सबक देता है

कभी-कभी जो चीज़ काम नहीं कर रही होती, वह भी हमें कुछ सिखा सकती है। यह कहानी हमें वक़्त और उसके असली मायने समझाती है।

अर्जुन के घर में एक पुरानी घड़ी थी, जो दीवार पर टंगी थी लेकिन महीनों से बंद पड़ी थी। उसके दादाजी रोज़ उसे देखते और मुस्कुरा देते। अर्जुन को यह अजीब लगता।

एक दिन उसने पूछ ही लिया,

"दादाजी, यह घड़ी बंद है, फिर भी आप इसे रोज़ क्यों देखते हैं?"

दादाजी ने जवाब दिया,

"क्योंकि यह बंद घड़ी भी दिन में दो बार सही समय दिखाती है।" अर्जुन हैरान रह गया। दादाजी ने समझाया,

"इस घड़ी की तरह, हमारी ज़िन्दगी में भी कभी-कभी रुकावटें आती हैं। हम रुक जाते हैं, ठहर जाते हैं, और सोचते हैं कि अब कुछ नहीं हो सकता।

लेकिन याद रखना—भले ही हम ठहर जाएँ, समय चलता रहता है।और अगर हम सही सोच रखें, तो हम भी अपने सही समय पर चमक सकते हैं।"

उस दिन अर्जुन ने सीखा कि हर मुश्किल दौर के बाद सही समय जरूर आता है—बस हिम्मत नहीं हारनी चाहिए।

प्रेरणा

"जो रुका हुआ है, वह बेकार नहीं होता। सही समय पर वह भी मायने रखता है।"

17. पत्थर और फूल – मजबूत बनने के दो तरीके

कुछ लोग ताकत को कठोरता समझते हैं, जबकि कुछ लोग कोमलता में भी ताकत खोज लेते हैं। यह कहानी हमें बताती है कि सच्ची मजबूती क्या होती है।

दो दोस्त थे—रवि और सूरज।

दोनों हमेशा इस बात पर बहस करते थे कि असली ताकत किसमें होती है—कठोरता में या कोमलता में।

एक दिन उनके गुरु ने उन्हें एक परीक्षा दी। उन्होंने दो चीज़ें दीं—एक बड़ा पत्थर और एक नाजुक फूल।

"रातभर इन्हें संभाल कर रखो। सुबह बताना कि कौन ज्यादा मजबूत निकला," गुरु ने कहा।

रवि ने पत्थर को कसकर पकड़ लिया और सो गया। लेकिन सुबह जब वह उठा, तो पत्थर उसके हाथ से गिरकर फर्श पर टकराया और उसमें एक हल्की दरार आ गई।

दूसरी ओर, सूरज ने फूल को पानी में रखा, हल्की हवा में उसे सुरक्षित रखा।

सुबह वह फूल ताज़ा था, जैसे नया खिला हो।

गुरु ने मुस्कुराते हुए कहा,

"कभी-कभी, सख्ती खुद को तोड़ देती है, और कोमलता खुद को बचा लेती है।

सच्ची ताकत यह जानने में है कि कब कठोर होना चाहिए और कब नरम।"

उस दिन रवि और सूरज दोनों ने सच्ची मजबूती का मतलब समझ लिया।

प्रेरणा

"मजबूती सिर्फ कठोरता में नहीं, समझदारी में भी होती है।"

***

18. खाली कुर्सी – कुछ लोग चले जाते हैं, पर यादें हमेशा रहती हैं

जो लोग चले जाते हैं, वे पूरी तरह कभी नहीं जाते। यह कहानी हमें यादों की अहमियत सिखाती है।

रीमा हर शाम अपने ऑफिस से लौटती और बालकनी में बैठ जाती—एक कप चाय, एक पुरानी किताब, और सामने पड़ी एक खाली कुर्सी।

वो कुर्सी पहले उसकी माँ की थी। अब बस हवा चलती, और कुर्सी हिलती थी।

पड़ोस की एक बच्ची ने एक दिन पूछा,

"रीमा दीदी, ये कुर्सी खाली क्यों है?"

रीमा मुस्कुराई और बोली,

"क्योंकि कुछ लोग चले जाते हैं, पर उनकी जगह कभी कोई ले नहीं सकता।"

बच्ची फिर पूछती,

"तो इसे हटाते क्यों नहीं?"

रीमा ने हल्के से कुर्सी पर हाथ फेरा और कहा,

"क्योंकि यादों की कुछ चीज़ें सजावट नहीं होतीं, सबक होती हैं। ये कुर्सी मुझे याद दिलाती है—कि जिन्होंने मुझे चलना सिखाया, आज मैं उनके बिना चल रही हूँ, पर उन्हीं की वजह से गिरती नहीं हूँ।"

प्रेरणा

"कुछ चीज़ें भले ही 'खाली' लगें, पर वो हमें पूरा बनाए रखती हैं।"

***

19. अधूरी तस्वीर

एक ऐसी कहानी जो हमें सिखाती है कि अधूरापन भी एक शक्ति है

माधव हर रोज़ गाँव के बाहर एक पुरानी दीवार पर चित्र बनाता। कोई सूरज उगता, तो कोई लड़की मुस्कुराती, कोई किसान हल जोतता, तो कोई माँ अपने बच्चे को दूध पिलाती।

गाँव वाले उसे देखकर मुस्कुराते, पर कोई उसकी कला को गहराई से नहीं समझता। सब कहते, "इतनी मेहनत किसलिए? दीवार तो कल गिर जाएगी!"

मगर माधव बस मुस्कुरा देता। वह हर चित्र के नीचे एक ही पंक्ति लिखता था:

"हर अधूरी चीज़ में भी एक पूरी कहानी होती है।"

एक दिन, शहर से एक नामी कलाकार उस गाँव में आया। उसकी गाड़ी खराब हो गई थी, और वह वहीं रुका। उसकी नज़र पड़ी उस पुरानी दीवार पर—जहाँ माधव का ताज़ा चित्र अधूरा था।

चित्र में एक माँ थी, जो अपने बच्चे की ओर झुक रही थी, लेकिन बच्चे का चेहरा अभी चित्रित नहीं हुआ था।

शहर वाले कलाकार ने पूछा, "यह अधूरी तस्वीर क्यों?"

माधव ने उत्तर दिया, "क्योंकि हर माँ अपने बच्चे में भविष्य देखती है। वह भविष्य कैसा होगा, यह तो वही बच्चा तय करेगा। मैं उसकी जगह नहीं ले सकता।"

शहर वाला कलाकार स्तब्ध रह गया। उस दिन उसने पहली बार जाना कि कला सिर्फ रंग नहीं, दृष्टिकोण भी होती है।

वह चला गया, पर जाते-जाते माधव से बोला, "आपने मुझे फिर से सिखाया कि अधूरापन भी प्रेरणा बन सकता है।"

सीख:

- अधूरापन कमजोरी नहीं, संभावना है।

- जीवन की हर अधूरी कहानी में एक संभावना छिपी होती है – उसे पूरा करने का साहस हमारा होता है।

- हर इंसान एक अधूरी तस्वीर है, जो हर दिन अपने रंग खुद भर सकता है।

***

20. कांटे और फूल

जीवन में कांटे न हों, तो फूल की कीमत कौन समझे? सुबह की ताजगी के बीच छोटी सी लड़की नैना अपने पिता के साथ बगीचे में टहल रही थी।

नैना के पिता एक माली थे — वो बगीचों को सहेजते थे,

फूलों को सजाते थे, और पौधों से बात करते थे जैसे वो उनके अपने बच्चे हों। नैना को बगीचे में जाना बहुत अच्छा लगता था।

एक दिन, उसने गुलाब के पौधे की ओर इशारा करते हुए मासूमियत से पूछा,

"पापा, अगर गुलाब इतना सुंदर है, तो फिर इसमें कांटे क्यों हैं?"

पिता थोड़ी देर चुप रहे। फिर झुककर एक कांटे को छूते हुए बोले,

"बेटा, फूल की सुंदरता सिर्फ उसकी पंखुड़ियों से नहीं होती, उसके कांटे उसे बचाते हैं।

अगर कांटे न हों, तो फूल ज़्यादा देर तक खिला नहीं रह सकता।"

नैना कुछ नहीं बोली, लेकिन उसकी आँखों में कुछ बदल गया।

कुछ साल बाद...

नैना अब बड़ी हो गई थी।

वह एक होशियार और मेहनती छात्रा थी, लेकिन जीवन उसके लिए आसान नहीं था।

उसकी माँ नहीं थीं। पिता की कमाई मुश्किल से घर चला पाती थी।

स्कूल में अच्छे कपड़े नहीं पहन पाती, तो बच्चे उसका मज़ाक उड़ाते। कई बार परीक्षा में कम अंक आते, तो खुद पर ही शक होने लगता।

लेकिन जब भी वो थक जाती, हिम्मत हारने लगती, तो अपने पिता के शब्द याद करती —

"कांटे ही तो फूल की रक्षा करते हैं..."

एक दिन...

स्कूल में भाषण प्रतियोगिता हुई। विषय था — "जीवन में संघर्ष का महत्व"

नैना स्टेज पर पहुँची, थोड़ी घबराई, पर फिर उसने अपनी आवाज़ में आत्मविश्वास भरते हुए कहा:

"मैं जानती हूँ संघर्ष क्या होता है।

मैं जानती हूँ अकेलेपन में भी मुस्कुराना क्या होता है।

मैं जानती हूँ ठुकराए जाने के बाद भी खड़े रहना क्या होता है।

और आज मैं आप सबको बस इतना कहने आई हूँ —

कांटे जीवन का अभिशाप नहीं हैं, वो हमारे फूल बनने की राह बनाते हैं।"

पूरे हॉल में सन्नाटा छा गया... फिर ज़ोरदार तालियाँ बजीं।

उसी साल...

नैना ने दसवीं बोर्ड परीक्षा में अपने जिले में टॉप किया।

मीडिया ने इंटरव्यू लिया —

"इतनी कठिनाइयों के बावजूद आपने ये कैसे किया?"

उसने मुस्कराते हुए कहा,

"कांटे थे, लेकिन मैंने उन्हें सीखा — और उनपर चलते हुए भी मुस्कुराना नहीं छोड़ा।"

आज...

वो एक सरकारी स्कूल में शिक्षिका है।

हर दिन बच्चों को सिर्फ किताबें नहीं पढ़ाती, उन्हें जीवन के कांटे और फूलों के बीच संतुलन सिखाती है।

वो बच्चों से कहती है,

"हर इंसान के जीवन में कांटे होते हैं — कुछ के बाहर, कुछ के भीतर। लेकिन जब तुम उन कांटों को अपनाकर आगे बढ़ते हो, तो वही तुम्हारे भीतर फूल खिला देते हैं।"

🌱 कहानी से सीख:

- जीवन हमेशा फूलों से नहीं भरा होता।

- कांटे हमें गिरने से बचाते हैं, संभालते हैं और परिपक्व बनाते हैं।

- संघर्ष हमें मजबूत नहीं बनाते, वे हमें सुंदर बनाते हैं — अंदर से।

"फूल तो सभी को अच्छे लगते हैं, पर जो कांटों को भी प्यार करना सीख जाए — वही असली जीवन जीता है।"

***

21. अधूरी तस्वीर

एक ऐसी कहानी जो हमें सिखाती है कि अधूरापन भी एक शक्ति है:

भाग 1: दीवारों पर रंग

गाँव का नाम था बासगांव। मिट्टी की खुशबू और धूल भरी गलियों वाला यह गाँव साधारण था,

पर वहाँ का एक इंसान बेहद असाधारण था—माधव।

माधव कोई अमीर आदमी नहीं था। उसका घर कच्चा, उसके कपड़े पुराने, और शरीर पर उम्र की थकावट साफ़ नज़र आती थी।

मगर उसकी आँखें... वे चमकती थीं, जैसे किसी दीये में जीवन भर का प्रकाश भरा हो।

हर सुबह वह अपने झोले में कुछ ब्रश, पुरानी रंग की डिब्बियाँ और एक कपड़ा डालकर गाँव के बाहर जाती एक टूटी-सी दीवार के पास पहुँचता।

वहाँ बैठकर वह चित्र बनाता। कोई दिन सूरज की लाली में डूबा होता, तो किसी दिन वो एक माँ की गोद में खेलते बच्चे को रंग देता।

गाँव वाले अक्सर उसे देखकर हँसते:

"काका! दीवार कल टूट जाएगी... आपकी मेहनत बेकार जाएगी!"

माधव बस मुस्कुराता और ब्रश चलाता रहता।

लेकिन कोई नहीं जानता था कि वो दीवार माधव के लिए सिर्फ ईंट और मिट्टी नहीं थी—वो उसका सपना थी, उसकी दुनिया, और शायद उसका संवाद भी।

भाग 2: अधूरी माँ

एक दिन, माधव ने एक नया चित्र शुरू किया। यह चित्र बाकी सबसे अलग था।

वह एक माँ का चित्र बना रहा था—आँखों में ममता, गोद में एक खाली जगह।

वहाँ कोई बच्चा नहीं था।

लोगों ने पूछा, "काका, बच्चा कहाँ है?"

माधव ने कहा, "अभी नहीं आया।"

लोगों ने सोचा, शायद काका थक गया है… या शायद उसका रंग खत्म हो गया।

मगर दिन बीते, चित्र वहीं था—अधूरा। माँ अब पूरी बन चुकी थी, उसकी गोद में जगह साफ़ दिखाई देती थी, पर बच्चा अब भी नहीं।

भाग 3: शहर से आया मेहमान

उसी समय एक बड़ा कलाकार—विक्रम सिन्हा—गाँव में आया।

वह एक आर्ट गैलरी का मालिक था, और उसकी गाड़ी गाँव के पास खराब हो गई थी।

जब वह गाँव में मदद के लिए आया, उसकी नज़र उस चित्र पर पड़ी।

"वाह!" वह चौंक गया।

"कौन है जिसने यह बनाया है?"

गाँव वालों ने मुस्कुराकर कहा, "हमारे माधव काका।"

विक्रम ने चित्र को गौर से देखा।

एक माँ की आँखों में ऐसा भाव, जो उसने कभी किसी आर्ट गैलरी में नहीं देखा था।

"पर यह अधूरा क्यों है?"

माधव वहीं बैठा था। वह धीरे से बोला:

"क्योंकि हर माँ अपने बच्चे में भविष्य देखती है। मैं किसी का भविष्य नहीं बना सकता। यह बच्चा कौन होगा, यह चित्र कौन पूरा करेगा—that's not my role."

विक्रम अवाक रह गया। वह तो सोच रहा था कि यह कलाकार कोई साधारण गाँव का इंसान होगा, पर सामने खड़ा इंसान तो दर्शन की भाषा बोल रहा था।

भाग 4: एक नई दृष्टि

विक्रम ने उस रात माधव से बहुत सारी बातें कीं। कला, जीवन, अधूरेपन और उम्मीदों के बारे में।

माधव ने कहा,

"हमेशा सब कुछ पूरा नहीं होता। कई बार अधूरा रहना ही सिखाता है कि हम कहाँ जा सकते हैं।

कभी-कभी अधूरी तस्वीरें ज़्यादा बोलती हैं, क्योंकि वो दर्शक को सोचने का अवसर देती हैं।

कला सिर्फ रंगों से नहीं बनती, वह दृष्टि से बनती है।"

अगले दिन जब विक्रम चला, उसने जाते-जाते उस दीवार के नीचे एक लाइन लिख दी:

"यह अधूरी तस्वीर हर उस माँ को समर्पित है, जो अपने बच्चे में दुनिया बदलने का राग़ना देखती है।"

सीख:

1.   हर अधूरी चीज़ में एक संभावना छिपी होती है।

ज़िंदगी भी तो एक अधूरी तस्वीर है, जिसे हमें हर दिन कुछ नया जोड़कर पूरा करना होता है।

2.   हर इंसान एक कलाकार है।

चाहे वो ब्रश से न हो, पर सोच, कर्म और दृष्टिकोण से हम हर दिन अपनी कहानी खुद लिखते हैं।

3.   कभी-कभी अधूरापन ही सबसे गहरी प्रेरणा होता है।

क्योंकि जब सब कुछ तय हो, तो सोचने की ज़रूरत नहीं होती।

पर जब कुछ अधूरा हो, तब कल्पना जागती है।

निष्कर्ष

“अग्निपथ” सिर्फ कहानियों का संकलन नहीं है, यह जिंदगी को समझने का एक नया नजरिया है। हर कहानी हमें सिखाती है कि हालात चाहे जैसे भी हों, अगर हिम्मत और समझदारी हो, तो कुछ भी असंभव नहीं।

22. अपनी कहानी खुद लिखने का फैसला

रात गहरी थी। आसमान में तारे टिमटिमा रहे थे, लेकिन उसके मन के भीतर अंधेरा था। कमरे में हल्की-हल्की रोशनी जल रही थी, और सामने मेज़ पर एक खुली डायरी रखी थी—एकदम खाली, बिना किसी शब्द के। हाथ में कलम थी, लेकिन शब्द कहीं खो गए थे।

राहुल ने धीरे-धीरे पन्ने को छुआ। उसने जीवन में बहुत कुछ देखा था—

संघर्ष, हार, जीत, खुशी, दर्द—लेकिन कभी किसी से कुछ कहा नहीं था।

वह हमेशा दूसरों की कहानियाँ सुनता आया था, पढ़ता आया था,

लेकिन अपनी कहानी कहने का कभी साहस नहीं कर पाया।

"क्या मेरी कहानी भी कोई पढ़ेगा?"

यह सवाल उसके मन में बार-बार गूंज रहा था।

लेकिन फिर उसने सोचा,

"अगर मैं अपनी कहानी खुद नहीं लिखूंगा, तो कोई और इसे अपने तरीके से लिख देगा।"

यह विचार जैसे बिजली की तरह उसके मन में कौंध गया। उसने अपने अतीत को याद किया—

वे संघर्ष, वे नाकामयाबियाँ, वे छोटे-छोटे सपने जो उसने कभी देखे थे लेकिन पूरे नहीं कर सका।

कलम अब खुद-ब-खुद चलने लगी।

पहले अक्षर लिखते ही एक अलग-सी शक्ति महसूस हुई। यह सिर्फ एक कहानी नहीं थी—यह उसकी ज़िंदगी थी।

शब्द पन्नों पर उतरते गए, और उसके भीतर का बोझ हल्का होता गया।

वह भूल गया कि समय क्या है, जगह क्या है। बस वह और उसकी कहानी थी।

जब उसने पहला अध्याय पूरा किया, तो एक अजीब-सी शांति महसूस हुई।

अब वह समझ चुका था—उसकी कहानी सिर्फ उसके शब्दों की मोहताज थी।

कोई और उसे उसकी तरह नहीं कह सकता।

राहुल ने डायरी बंद की और मुस्कुराया। आज पहली बार उसे लगा कि वह सिर्फ एक पाठक नहीं, बल्कि अपनी कहानी का लेखक भी है।

***

23. ख्वाबों का सफर

छोटे से गाँव की संकरी गलियों में दौड़ता वह बच्चा जब भी आसमान की ओर देखता, तो उसके सपने और भी ऊँचे हो जाते। सूरज के साथ उसकी उम्मीदें जगतीं और चाँदनी रातों में वो अपने ख्वाबों की चादर बुनता। उसका नाम आरव था— एक ऐसा लड़का, जिसने सपने देखने की हिम्मत तो की थी, लेकिन उन्हें पूरा कैसे करे, ये नहीं जानता था।

गाँव के लोग अक्सर उसे कहते, "बड़े-बड़े सपने देखने से कुछ नहीं होता,

हकीकत ज़मीन पर चलकर ही बनती है।"

लेकिन आरव की ज़िंदगी का फलसफा अलग था—

"अगर उड़ान भरने की हिम्मत हो, तो कोई आसमान दूर नहीं।"

स्कूल की पुरानी किताबों में उसने शहरों के किस्से पढ़े थे—

बड़े-बड़े कॉलेज, चमकती सड़कें, ऊँची इमारतें।

वह जानता था कि उसका सफर आसान नहीं होगा।

घर की हालत बहुत अच्छी नहीं थी। पिता एक साधारण किसान थे, माँ घर संभालती थी।

लेकिन उनके सपने अपने बेटे के सपनों से छोटे नहीं थे।

"तू जहाँ जाना चाहता है, जा बेटा। बस खुद को कभी मत खोना," माँ ने विदाई के वक्त कहा था।

शहर आकर आरव ने महसूस किया कि यहाँ की भीड़ में खुद को साबित करना आसान नहीं था।

कई रातें खाली पेट गुजारीं, कई बार असफलताओं ने रास्ता रोका।

लेकिन उसने हार मानना सीखा ही नहीं था।

फिर एक दिन, जब उसने अपनी पहली नौकरी पाई और पहले महीने की तनख्वाह घर भेजी, तो माँ की आँखों से खुशी के आँसू छलक पड़े।

उसने सिर्फ सपने देखे नहीं थे, बल्कि उन्हें जीने की हिम्मत भी की थी।

आज जब आरव अपने ऑफिस की खिड़की से शहर को देखता है, तो उसे अपना गाँव याद आता है।

वही संकरी गलियाँ, वही खुले आसमान के नीचे दौड़ता एक लड़का—

जो आज भी उसके अंदर जिंदा है, और हमेशा रहेगा।

***

24. ख़ामोशी की आवाज़

अंधेरी रात के सन्नाटे में अक्सर कुछ आवाज़ें गूंजती हैं, वो आवाज़ें, जो दुनिया के शोर में कहीं खो जाती हैं। समीर की ज़िंदगी भी कुछ ऐसी ही थी—ख़ामोश, लेकिन भीतर एक तूफान लिए हुए।

वह उन लोगों में से था, जो ज्यादा बोलते नहीं थे, लेकिन हर बात महसूस करते थे।

लोग उसे चुप्पा, अजीब और अंतर्मुखी समझते थे।

स्कूल में जब बच्चे शरारत करते, हँसते-खेलते, तो समीर कोने में बैठा किताबों में डूबा रहता।

कॉलेज में जब दोस्त पार्टियों की प्लानिंग करते, तो वह अपनी डायरी में कुछ लिखने में व्यस्त रहता।

दुनिया का रंगमंच और समीर का कोना

समाज में रहने वाले हर व्यक्ति से उम्मीद की जाती है कि वह सामाजिक हो, बोलने में तेज़ हो, अपनी राय रखे और खुद को सबसे अलग साबित करे।

लेकिन समीर को यह सब कभी सहज नहीं लगा।

कई बार लोगों ने उसे कहा, "तुम इतने अलग क्यों हो?"

"थोड़ा खुलकर रहो, बात किया करो!"

शायद किसी ने यह समझने की कोशिश ही नहीं की कि उसकी खामोशी के भी कुछ मायने थे।

एक अजनबी से मुलाकात

एक दिन समीर कॉलेज की लाइब्रेरी में बैठा अपनी डायरी में कुछ लिख रहा था।

तभी किसी ने धीरे से कहा, "क्या मैं यहाँ बैठ सकती हूँ?"

वह चौंककर ऊपर देखता है। यह आर्या थी—कॉलेज की सबसे चुलबुली और सबसे मिलनसार लड़की। वह हर किसी से बातें करती, हर महफिल की जान थी।

समीर को समझ नहीं आया कि वह उसके पास क्यों आई।

आर्या ने देखा कि समीर डायरी में कुछ लिख रहा था। उसने हल्की मुस्कान के साथ पूछा, "क्या मैं पढ़ सकती हूँ?"

समीर झिझक गया। उसे अपनी भावनाएँ किसी के साथ बाँटने की आदत नहीं थी। लेकिन न जाने क्यों, उसने धीरे से डायरी आर्या की ओर बढ़ा दी।

आर्या ने कुछ पन्ने पलटे और पढ़ने लगी। कुछ मिनटों बाद उसने सिर उठाया और कहा, "तुम्हें पता है, तुम्हारी खामोशी बोलती है।"

समीर पहली बार किसी को अपनी खामोशी को समझते देख रहा था।

खुद को जानने की यात्रा

उस दिन के बाद से समीर ने पहली बार अपने भीतर झाँकने की कोशिश की।

क्या वह वाकई में अलग था, या फिर दुनिया उसे अलग बना रही थी?

वह सोचता था कि अगर वह ज्यादा बोलता नहीं, तो क्या वह किसी से कम था?

अगर वह भीड़ का हिस्सा नहीं था, तो क्या उसकी पहचान नहीं थी?

धीरे-धीरे उसने समझा कि हर किसी की अपनी एक भाषा होती है। कोई शब्दों से अपनी बात कहता है, तो कोई अपनी कला से, और कोई खामोशी से।

समीर की भाषा उसकी कहानियाँ थीं। उसके शब्दों में वह ताकत थी, जो उसे बोलने की जरूरत ही नहीं थी।

पहली किताब और नई पहचान

समय बीता, और कॉलेज खत्म होने के बाद समीर ने अपनी लिखी कहानियों को एक किताब के रूप में प्रकाशित किया।

एक दिन, जब उसकी किताब एक बुकस्टोर की शेल्फ़ पर रखी गई, तो उसने देखा कि एक लड़की उसे खरीद रही थी।

वह लड़की किताब का पहला पन्ना पलटती है और पढ़ती है—

"कुछ आवाज़ें इतनी गहरी होती हैं कि उन्हें सुना नहीं, महसूस किया जाता है।"

और उस दिन समीर को एहसास हुआ कि उसकी खामोशी की भी एक आवाज़ थी।

समाप्ति

यह कहानी उन लोगों के लिए है, जो सोचते हैं कि उनकी खामोशी का कोई मतलब नहीं है। लेकिन सच यह है कि हर व्यक्ति की अपनी एक अनोखी पहचान होती है, बस हमें उसे पहचानने की देर होती है।

***

लेखक: धीरेंद्र सिंह बिष्ट

अंतिम संदेश

प्रिय पाठकों,

आपने "अग्निपथ" की कहानियों के साथ एक यात्रा पूरी की — ऐसी यात्रा, जो शब्दों से शुरू हुई और आत्मा तक पहुँची।

इन 24 कहानियों में जो पात्र हैं — वे केवल कल्पना नहीं हैं। वे हर उस व्यक्ति का प्रतिबिंब हैं जो कभी टूटा, कभी लड़ा, और अंततः खुद को पाया। शायद इनमें कहीं न कहीं आप भी हैं — आपकी हिम्मत, आपकी जिद, आपकी मुस्कान और आपके आँसू।

अगर इस किताब की कोई एक पंक्ति भी आपके मन को छू पाई, आपको सोचने या मुस्कुराने पर मजबूर कर पाई — तो मेरा लेखन सफल है।

याद रखिए —

ज़िंदगी एक अग्निपथ है।

हर क़दम पर तपिश है, लेकिन हर तपिश के पार एक नई सुबह है।

चलते रहिए। गिरिए, फिर उठिए।

क्योंकि यही रास्ता है — आत्मा से आत्मबल तक।

आपके साथ फिर मिलने की आशा में...

सप्रेम,

धीरेंद्र सिंह बिष्ट

लेखक परिचय

धीरेंद्र सिंह बिष्ट का जन्म उत्तराखंड के नैनीताल ज़िले के एक छोटे से कस्बे **बिंदुखत्ता** में हुआ। एक साधारण परिवार और परिवेश से आने के बावजूद उन्होंने जीवन की जटिलताओं, संघर्षों और भावनाओं को बड़ी बारीकी से समझा और उन्हें अपनी लेखनी में संवेदना के साथ पिरोया।

धीरेंद्र ने कुमाऊँ विश्वविद्यालय, नैनीताल से स्नातक किया है और वर्तमान में एक बहुराष्ट्रीय कंपनी में कार्यरत हैं। कॉर्पोरेट जगत की व्यस्तताओं के बीच भी उनका मन हमेशा शब्दों की दुनिया में रमता रहा है। तकनीकी और व्यवसायिक पृष्ठभूमि होने के बावजूद उनकी रचनाएँ हृदय और आत्मा की गहराई से उपजती हैं।

वे एक संवेदनशील लेखक, प्रेरणादायक विचारक और विचारशील कहानीकार हैं। उनकी कहानियाँ जीवन के आम पलों में छिपे असाधारण भावों को उजागर करती हैं—चाहे वह संघर्ष की तपिश हो, रिश्तों की नमी, आत्मबल की चुप आवाज़ हो या किसी गहरी ख़्वाहिश की गूंज। उनकी लेखनी न केवल सोचने पर मजबूर करती है, बल्कि भीतर कुछ बदल भी जाती है।

उनकी प्रकाशित पुस्तकें

1. **अग्निपथ** (कहानी-संग्रह)

2. **मन की हार, ज़िंदगी की जीत**

3. **फोकटिया**

4. **काठगोदाम की गर्मियाँ**

5. **खाली जेब, बड़ा सपना**

6. **बर्फ़ के पीछे कोई था**

7. **जब पहाड़ रो पड़े**

"अग्निपथ" उनका पहला कहानी-संग्रह है, जो पाठकों को आत्ममंथन, आत्मबल और जीवन की गहराइयों से रूबरू कराता है। इसके अतिरिक्त उनकी अन्य पुस्तकों को भी पाठकों का भरपूर स्नेह और सराहना प्राप्त हुई है।

उनकी रचनाएँ उन पाठकों के लिए हैं जो दिल से सोचते हैं और सोचकर जीते हैं—जो शब्दों से नहीं, संवेदनाओं से जुड़ना चाहते हैं।

✉ **संपर्क:**

ईमेल: dhirendra342@gmail.com

उपसंहार

जब कोई किताब खत्म होती है, तो वह दरअसल खत्म नहीं होती, वह बस एक नए विचार, एक नए भाव और एक नई दिशा की शुरुआत करती है। "अग्निपथ" भी एक ऐसी ही यात्रा रही—शब्दों से शुरू होकर आत्मा तक पहुँचने वाली यात्रा।

इस पुस्तक की कहानियाँ पढ़ते-पढ़ते आपने महसूस किया होगा कि इनमें कोई अलौकिक पात्र नहीं हैं, कोई कल्पनाओं के महल नहीं हैं, और न ही कोई फिल्मी नायक। इसके पात्र आप हैं, हम हैं, हमारे आस-पास के वो लोग हैं जो रोज़मर्रा की ज़िंदगी में जीते हैं, लड़ते हैं, हारते हैं, गिरते हैं... और फिर उठते हैं।

हर कहानी अपने आप में एक चिंगारी थी। किसी ने आत्मबल की बात की, तो किसी ने नेकी की। कहीं मौली जैसी एक गाय ने प्रेम और ममता का परिचय दिया, तो कहीं हरिनाथ जैसे पात्र ने सच्चाई और ईमानदारी की परिभाषा रच दी। रोहन ने संघर्ष से निकलने की राह दिखाई, तो नैना ने सिखाया कि कांटों पर भी मुस्कुराकर चला जा सकता है।

अग्निपथ का हर पृष्ठ आपको याद दिलाता है कि असली ताकत बाहर नहीं, हमारे भीतर होती है। ये कहानियाँ बताती हैं कि छोटी-छोटी बातें—जैसे जूते का फीता, टूटी हुई पेंसिल या दीवार पर लगी घड़ी—भी बड़े सबक सिखा सकती हैं, अगर हम उन्हें समझने का मन बना लें।

यह पुस्तक एक प्रयास थी—ज़िंदगी की उन्हीं साधारण बातों को शब्द देना, जिन्हें हम अक्सर नज़रअंदाज़ कर देते हैं। लेकिन जब वही साधारण बातें किसी कहानी का रूप लेती हैं, तो वे दिल तक पहुँच जाती हैं। यही इस पुस्तक की आत्मा है।

मैं जानता हूँ कि आपने इस पुस्तक को पढ़ते समय कहीं न कहीं खुद को इन कहानियों में देखा होगा । शायद आपने बचपन की कोई याद फिर से महसूस की हो, या कोई पुराना सपना जो धुंधला पड़ गया था, वह फिर से जागा हो । शायद किसी टूटे रिश्ते की टीस फिर से उभरी हो, या किसी अधूरे ख्वाब ने फिर से उड़ान भरने की हिम्मत दी हो ।

अगर ऐसा हुआ है, तो समझिए "अग्निपथ" का उद्देश्य पूरा हुआ ।

मैं नहीं चाहता कि इस किताब को पढ़ने के बाद आप इसे किसी अलमारी में रख दें और भूल जाएँ । मेरी विनम्र कामना है कि जब भी आप थकें, टूटा महसूस करें, या खुद से दूर हो जाएँ—तो इस किताब की कोई एक कहानी फिर से पढ़िए । शायद वही कहानी आपको फिर से खुद से जोड़ दे ।

अग्निपथ एक ऐसी राह है जिस पर चलना आसान नहीं है । इसमें तपिश है, संघर्ष है, संदेह हैं, अकेलापन है । लेकिन इसी राह पर चलते हुए इंसान खुद को पाता है । यही वह रास्ता है जो आत्मा से आत्मबल तक ले जाता है ।

इस पुस्तक की सबसे बड़ी विशेषता यही है कि इसमें नायक कोई एक नहीं, बल्कि हर वह व्यक्ति है जो चुनौतियों के बावजूद मुस्कुराना जानता है, जो गिरकर उठना जानता है, जो हारकर भी उम्मीद नहीं छोड़ता । और अगर आप भी ऐसे हैं—तो यकीन मानिए, आप भी अग्निपथ के मुसाफ़िर हैं ।

लेखन मेरे लिए केवल अभिव्यक्ति नहीं, आत्मा का संवाद है । जब आप मेरे शब्दों को पढ़ते हैं, तो आप मेरे मन के द्वार पर दस्तक देते हैं । और अगर किसी एक शब्द ने भी आपको भीतर तक छुआ है, तो वह संवाद सफल है ।

अंत में, मैं आपसे यही कहना चाहता हूँ—

ज़िंदगी आसान नहीं है। लेकिन अगर आप अपने भीतर की आवाज़ सुनना जानते हैं, अगर आप हर हार से सीखना जानते हैं, अगर आप गिरने के बाद मुस्कुरा सकते हैं—तो आपको कोई रोक नहीं सकता।

अग्निपथ पर चलना मुश्किल है, लेकिन यही रास्ता है जो इंसान को इंसान बनाता है।

आपने इस यात्रा में साथ दिया, इसके लिए हृदय से आभार।

चलते रहिए...
क्योंकि यही अग्निपथ है।

सप्रेम,

धीरेंद्र सिंह बिष्ट
लेखक – अग्निपथ